Nota introductoria

Bienvenidos al manual "Autoestima: Una guía práctica para desarrollar la confianza en uno mismo y la seguridad en uno mismo" de Lorenzo Scott Galli. En este manual, exploraremos juntos el poder transformador de la autoestima y aprenderemos estrategias prácticas para desarrollar una confianza auténtica y duradera en uno mismo.

La autoestima es un recurso precioso que influye en todos los aspectos de nuestras vidas, desde las relaciones personales hasta las carreras profesionales, desde la salud mental hasta el bienestar general. Cuando tenemos una autoestima sana, nos sentimos más seguros de nosotros mismos, más capaces de afrontar los desafíos y más resilientes ante los obstáculos.

Este manual está diseñado para ser un compañero confiable en su viaje hacia una mayor autoestima y éxito personal. A través de una combinación de teoría, ejercicios prácticos y consejos aplicables, serás guiado por un camino de autoexploración y crecimiento personal.

Aprenderás a identificar y superar obstáculos que limitan tu autoestima, reconocer tus fortalezas únicas y cultivar una mentalidad positiva que te llevará al éxito. Con una guía clara y pasos prácticos, descubrirá cómo transformar su autoestima y crear una vida más gratificante y significativa.

Con este manual descubrirás lo fácil que es simplificar tu vida y alcanzar el éxito que mereces cuando tienes confianza en ti mismo. Ya sea para mejorar las relaciones personales, avanzar en su carrera o simplemente sentirse más feliz y realizado, este manual será su compañero de confianza en el camino.

Prepárate para embarcarte en un viaje apasionante y transformador hacia una mayor autoestima y realización personal. ¿Estás listo para descubrir tu potencial y hacer realidad tus sueños? Así que comencemos este viaje juntos.

AUTOESTIMA

Cómo encontrar una AUTOESTIMA formidable

Definición y descripción de AUTOESTIMA

La autoestima es un concepto psicológico fundamental que se refiere a la evaluación general que una persona hace de sí misma. Es una combinación de sentimientos, percepciones y valoraciones que tiene una persona sobre su identidad, sus capacidades, su valor y su autoaceptación.

La autoestima es solo eso: la evaluación global que una persona hace de sí misma, que involucra una serie de elementos como sentimientos, percepciones y valoraciones respecto de su identidad, capacidades, valor personal y autoaceptación. Es un concepto central en psicología y bienestar individual, ya que afecta la forma en que nos relacionamos con nosotros mismos, con los demás y con el mundo que nos rodea.

La buena autoestima implica un sentido de confianza en uno mismo y seguridad, una conciencia sana de las propias capacidades y limitaciones, así como un sentido de valor personal y respeto por uno mismo. Las personas con autoestima positiva tienden a tener una visión realista y positiva de sí mismas, mientras que aquellas con baja autoestima pueden tener dificultades para creer en sus capacidades y sentirse dignas de amor y respeto. Una buena autoestima implica confianza en uno mismo y seguridad en uno mismo, que proviene de una sana conciencia de las propias capacidades y limitaciones. Las personas con autoestima positiva son capaces de reconocer sus propios méritos y fortalezas, pero también son conscientes de sus limitaciones sin sentirse amenazadas por ellas. Este equilibrio les permite afrontar los desafíos y las derrotas con resiliencia y mantener una visión realista y positiva de sí mismos.

Por el contrario, las personas con baja autoestima pueden tener dificultades para creer en sus capacidades y percibirse a sí mismas como dignas de amor y respeto. Pueden ser propensos a la autodesprecio, a la crítica y a dudar de sus capacidades, lo que puede afectar negativamente a sus relaciones interpersonales y su bienestar emocional.

Además, es importante resaltar que la autoestima no es un concepto estático, sino que puede variar en el tiempo en función de las experiencias, relaciones y éxitos o fracasos que ocurren en la vida de una persona. Trabajar la autoestima puede ser un proceso continuo de autorreflexión, autoaceptación y crecimiento personal.

La autoestima puede verse influenciada por una variedad de factores, incluida la educación, las experiencias de vida, las relaciones interpersonales, el éxito personal y profesional, así como los mensajes culturales y sociales. Es un aspecto crucial del desarrollo psicológico y puede tener un impacto significativo en la salud mental, las relaciones personales y el bienestar general de un individuo. La autoestima está influenciada por una amplia gama de factores, que incluyen: La forma en que fuiste criado por tus padres, maestros y otros adultos afecta en gran medida tu autoestima. Las experiencias durante la niñez y la adolescencia pueden moldear la autopercepción y las creencias personales.

Las experiencias pasadas, incluidos los éxitos, los fracasos, los traumas y los desafíos enfrentados, pueden tener un impacto significativo en la autoestima. Las experiencias positivas tienden a fortalecer la confianza en uno mismo, mientras que las negativas pueden debilitarla. Las experiencias pasadas juegan un papel crucial en la formación de la autoestima de una persona.

Las experiencias positivas, como alcanzar metas, superar desafíos o recibir reconocimiento, pueden aumentar la confianza en uno mismo y fortalecer la autoestima. Estos éxitos proporcionan validación de las propias capacidades y destrezas, alimentando un sentido de logro y valor personal.

Por otro lado, los fracasos pueden poner a prueba tu autoestima. Si no se abordan de manera constructiva, los fracasos pueden generar dudas sobre las propias capacidades y provocar sentimientos de autodevaluación. Sin embargo, si se manejan de manera saludable, los fracasos pueden ser oportunidades de aprendizaje y crecimiento que fortalecen la resiliencia emocional y la autoestima.

Las experiencias traumáticas como el abuso, una pérdida importante o acontecimientos estresantes pueden tener un profundo impacto en la autoestima. Estos acontecimientos pueden minar la confianza en uno mismo y generar sentimientos de culpa, vergüenza o inseguridad. El proceso de curación de un trauma puede requerir tiempo y apoyo, pero puede ayudar a restaurar una autoestima saludable.

Afrontar con éxito desafíos difíciles puede aumentar la autoestima. Superar obstáculos, salir de su zona de confort y demostrar resiliencia puede fortalecer su confianza en sus habilidades y alimentar una mayor confianza en sí mismo.

Las experiencias pasadas, tanto positivas como negativas, contribuyen a desarrollar la autoestima de una persona. Es importante reflexionar sobre estas experiencias para poder aprender de ellas, desarrollar una perspectiva positiva de uno mismo y promover una autoestima sana y equilibrada.

Las relaciones con familiares, amigos, parejas románticas y colegas pueden afectar en gran medida la autoestima. Las relaciones positivas y de apoyo pueden promover una buena autoestima, mientras que las negativas o tóxicas pueden socavarla. Las relaciones interpersonales juegan un papel fundamental a la hora de influir en la autoestima de una persona.

Las relaciones caracterizadas por el apoyo emocional, la comprensión, el respeto mutuo y la confianza pueden promover una buena autoestima. Cuando estamos rodeados de personas que nos apoyan y alientan, nos sentimos valorados y aceptados por quienes somos. Este apoyo puede ayudar a desarrollar la confianza en uno mismo y consolidar una visión positiva de uno mismo.

Por el contrario, las relaciones caracterizadas por el conflicto, la crítica constante, la falta de respeto o el abuso pueden socavar gravemente la autoestima. Ser sometido constantemente a juicios negativos o tratado de manera despectiva puede provocar sentimientos de insuficiencia, inseguridad y autodevaluación. Las relaciones tóxicas pueden dañar su confianza en uno mismo e impactar negativamente su bienestar emocional general.

Las relaciones interpersonales tienen el poder de moldear el sentido de sí mismo y el sentido de valor personal de un individuo. Es importante buscar relaciones que nutran y apoyen nuestra autoestima, al mismo tiempo que ponemos cautela y límites en las relaciones que pueden ser dañinas o tóxicas para nuestro bienestar emocional. La conciencia de la dinámica de las relaciones y la capacidad de establecer límites saludables son cruciales para preservar y promover una autoestima saludable.

El éxito en actividades personales, académicas o profesionales puede contribuir a una mayor confianza en uno mismo y a una sensación de realización personal. Por el contrario, el fracaso o la falta de éxito pueden tener un impacto negativo en la autoestima. El éxito personal y profesional tiene un impacto significativo en la autoestima de un individuo.

Alcanzar metas personales, académicas o profesionales puede alimentar una mayor confianza en uno mismo y una sensación de realización personal. El éxito confirma las propias capacidades y destrezas, fortaleciendo así la autoestima. Además, la consecución de objetivos puede generar sentimientos de satisfacción y gratificación, contribuyendo a una visión positiva de uno mismo y a un sentido de valor personal.

Por el contrario, el fracaso o la falta de éxito pueden poner a prueba su autoestima. Las experiencias de fracaso pueden sacar a la luz dudas sobre las propias capacidades y generar sentimientos de autodevaluación. Sin embargo, es importante considerar que el fracaso es parte del proceso de aprendizaje y crecimiento. Afrontar y superar el fracaso de manera constructiva puede fortalecer la resiliencia emocional y contribuir al crecimiento personal.

En general, el éxito y el fracaso son una parte integral de la vida de cada individuo y ambos pueden afectar la autoestima. Es importante tratar de mantener una perspectiva realista sobre el éxito y el fracaso, reconociendo que ambos son experiencias que pueden enseñar y contribuir a nuestro crecimiento personal. Además, es importante no basar tu autoestima exclusivamente en el éxito externo, sino cultivar una sana confianza en ti mismo basada en la conciencia de tus capacidades y valores.

Las normas culturales y sociales relativas a la belleza, el éxito, el desempeño y la conformidad pueden influir en la autoestima de una persona. La presión social para ajustarse a ciertos estándares puede llevar a una evaluación negativa de uno mismo. Las normas culturales y sociales relativas a la belleza, el éxito, el desempeño y la conformidad pueden tener un impacto significativo en la autoestima de una persona. Aquí hay algunas formas en que estas presiones sociales pueden afectar la autoestima:

Las sociedades suelen promover ideales de belleza física a través de los medios de comunicación, la publicidad y la cultura popular. Las personas pueden sentirse inadecuadas o insatisfechas con su apariencia si no se ajusta a los estándares de belleza vigentes. Esto puede provocar sentimientos de baja autoestima e inseguridad sobre su cuerpo.

Las sociedades suelen valorar el éxito material, profesional y social. Las personas pueden sentirse inadecuadas si no logran ciertos hitos de éxito, como una carrera prestigiosa, altos ingresos o un alto estatus social. Estas presiones pueden generar sentimientos de inseguridad y autodevaluación.

Las expectativas de alto desempeño pueden ejercer presión sobre las personas en diversas áreas de la vida, como el trabajo, la escuela o los deportes. Las personas pueden sentirse inadecuadas si no cumplen con estas expectativas o si perciben que están en constante competencia con los demás. Esto puede afectar negativamente a la autoestima y provocar sentimientos de estrés y ansiedad.

Las presiones para ajustarse a los roles de género, las normas sociales o las expectativas familiares pueden limitar la autenticidad y expresión individual. Las personas pueden sentirse inadecuadas si no se ajustan a estas normas o si temen ser juzgadas o marginadas por sus decisiones. Esto puede socavar la autoestima y generar sentimientos de alienación y aislamiento.

Es importante ser conscientes de las presiones sociales y culturales que influyen en nuestra percepción de nosotros mismos y desarrollar una conciencia crítica de estos ideales. Cultivar una autoestima sana requiere reconocer y aceptar la propia singularidad y mantener valores personales que vayan más allá de los estándares impuestos externamente.

Dada la importancia de la autoestima en el desarrollo psicológico y el bienestar general, es fundamental fomentar un entorno que fomente la confianza en uno mismo, la autoaceptación y la resiliencia emocional.

¿QUÉ SON LAS CREENCIAS LIMITANTES?

Las creencias limitantes son creencias o pensamientos negativos que una persona tiene sobre sí misma, sus capacidades o sus posibilidades de alcanzar determinadas metas. Estas creencias son "limitantes" porque tienden a limitar o bloquear el potencial de una persona, impidiéndole perseguir sus objetivos o desarrollar todo su potencial.

Las creencias limitantes pueden surgir de diversas fuentes, incluidas experiencias pasadas, educación, influencias culturales, mensajes sociales, traumas emocionales o situaciones difíciles de la vida. Pueden manifestarse de diversas formas, como la autodesvalorización, el autosabotaje, el miedo al fracaso, la evitación de situaciones desafiantes o una falta generalizada de confianza en uno mismo.

Ejemplos de creencias limitantes incluyen frases como "no soy lo suficientemente bueno", "no puedo hacer esto", "no merezco el éxito", "no me gusta la gente", etc. Estas creencias pueden volverse autocumplidas, ya que influyen en cómo una persona se comporta, toma decisiones y enfrenta los desafíos de la vida.

Un ejemplo común de creencia limitante podría ser: "No soy lo suficientemente inteligente para tener éxito en mi carrera".

El mecanismo de esta creencia limitante se puede describir de varias maneras:

Orígenes: Esta creencia puede tener su origen en experiencias pasadas, como recibir bajas calificaciones en la escuela o sentirse ignorado o infravalorado en el trabajo. Los mensajes culturales o sociales que vinculan el éxito profesional con la inteligencia también pueden contribuir a esta creencia.

Generalización: Una persona puede generalizar demasiado basándose en experiencias limitadas. Por ejemplo, si tuvo dificultades en una materia escolar en particular o si cometió errores en el trabajo, podría generalizar estas experiencias negativas y aplicarlas a todas las áreas de su carrera.

Confirmación selectiva: Una persona puede centrarse selectivamente en eventos o información que confirme su creencia limitante. Por ejemplo, podría ignorar los éxitos pasados o las habilidades demostradas y, en cambio, enfatizar los errores o los momentos de dificultad.

Auto sabotaje: La creencia limitante puede conducir a un comportamiento de autosabotaje. Por ejemplo, una persona puede evitar oportunidades profesionales que requieran desafíos o riesgos porque se siente convencida de que no podrá tener éxito.

Círculo vicioso: Esta creencia limitante puede crear un círculo vicioso en el que la persona ni siquiera intenta perseguir sus ambiciones o enfrentar desafíos y, por lo tanto, no tiene la oportunidad de experimentar un éxito que pueda contradecir la creencia misma.

Superar una creencia limitante como esta requiere un trabajo consciente para identificarla, desafiarla con evidencia concreta de lo contrario (como recordar éxitos pasados o adquirir nuevas habilidades) y construir gradualmente una nueva visión de uno mismo y de sus capacidades que sea más positiva y realista. .

Otro ejemplo de creencia limitante podría ser: "No soy digno de amor ni de relaciones significativas".

El mecanismo de esta creencia limitante puede funcionar de varias maneras:

Orígenes emocionales: Esta creencia puede surgir de experiencias pasadas de abandono, rechazo o relaciones insatisfactorias. Los acontecimientos traumáticos o las relaciones dañinas pueden haber dejado cicatrices emocionales y alimentado la creencia de que uno no es digno de amor ni de tener relaciones positivas.

Autoperpetuación: Una vez que esta creencia está arraigada, puede conducir a comportamientos que confirmen aún más su validez. Por ejemplo, una persona puede autosabotearse en sus relaciones, esperando que eventualmente será rechazada o herida, o puede evitar por completo buscar relaciones por miedo al rechazo.

Filtrado cognitivo: La persona puede centrarse selectivamente en eventos o situaciones que confirman su creencia limitante, mientras ignora o minimiza la evidencia de lo contrario, como muestras de afecto o amor mostradas por amigos o familiares.

Para superar esta creencia limitante, la persona podría:

Identifique las raíces: Examine las experiencias pasadas que han contribuido a esta creencia y reconozca que sus experiencias no definen su autoestima o valor intrínseco como individuo.

Practica la autocompasión: Cultiva la bondad y la comprensión hacia ti mismo, en lugar de la autocrítica o el autodesprecio. Reconocer que todo el mundo tiene debilidades e imperfecciones, y que éstas no nos hacen indignos de amor o de relaciones significativas.

Reflexiona sobre la evidencia de lo contrario: Reflexiona sobre los momentos en los que te sentiste amado, apreciado y valorado por personas importantes en tu vida. Estos momentos pueden usarse como evidencia que contradice la creencia limitante.

Busca apoyo: busca el apoyo de amigos, familiares o profesionales de la salud mental para que te ayuden a explorar y abordar esta creencia limitante de una manera más profunda y constructiva.

Experimenta y asume riesgos: Atrévete a abrirte a otras personas y experimentar nuevas relaciones, incluso si esto implica el riesgo de ser vulnerable. Estos nuevos encuentros pueden conducir a experiencias positivas que desafíen las creencias limitantes y fortalezcan la confianza en el amor y las relaciones.

Superar las creencias limitantes es un proceso que requiere conciencia, autorreflexión y trabajo interior. Esto puede implicar explorar las fuentes de las creencias limitantes, desafiar los pensamientos negativos con evidencia concreta de lo contrario, practicar la autocompasión, trabajar para desarrollar la confianza en uno mismo y desarrollar una perspectiva más positiva y realista sobre uno mismo y sus habilidades. Trabajar en la superación de creencias limitantes puede abrir nuevas oportunidades, promover el crecimiento personal y mejorar significativamente la calidad de vida.

Las creencias limitantes pueden afectar profundamente muchos aspectos de la vida de una persona.

Las creencias limitantes pueden llevar a las personas a limitarse, impidiéndoles perseguir metas ambiciosas o experimentar nuevas oportunidades. Por ejemplo, si alguien cree que no es lo suficientemente bueno para conseguir un ascenso en el trabajo, es posible que ni siquiera intente postularse para nuevos puestos.

Las creencias limitantes pueden conducir a conductas de autosabotaje que impiden el éxito o el bienestar personal. Por ejemplo, una persona que cree que no es digna de amor podría sabotear conscientemente sus relaciones o alejar a las personas que intentan acercarse emocionalmente.

Las creencias limitantes alimentan la baja autoestima, lo que puede afectar la imagen de uno mismo, la confianza en uno mismo y el sentido de valor personal. La baja autoestima puede socavar su capacidad para afrontar desafíos, tomar decisiones importantes y perseguir sus sueños.

Las creencias limitantes pueden llevar a las personas a evitar el contacto social o a alejarse de los demás por miedo al rechazo o al juicio. Esto puede provocar sentimientos de soledad y aislamiento, reduciendo las oportunidades de conexión y apoyo social.

Las creencias limitantes pueden generar estrés y ansiedad constantes, ya que las personas se preocupan constantemente por no estar a la altura de las expectativas o ser juzgadas por los demás. Este estrés crónico puede tener un impacto negativo en la salud física y mental.

Las creencias limitantes pueden impedir que las personas busquen oportunidades significativas en la vida, tanto personal como profesional. Esto puede limitar su potencial de crecimiento, realización y felicidad.

Las creencias limitantes pueden actuar como barreras que obstaculizan el pleno desarrollo y bienestar de una persona, impactando negativamente en su vida de múltiples maneras. Es importante identificar y abordar estas creencias para liberarse de sus efectos limitantes y buscar una vida más plena y satisfactoria.

Cómo transformar CREENCIAS LIMITADORAS en oportunidades

Las creencias limitantes requieren un proceso de autorreflexión y conciencia de los propios pensamientos, emociones y comportamientos.

Presta atención a tus reacciones emocionales en diferentes situaciones. Cuando se sienta frustrado, enojado, triste o desanimado, pregúntese qué pensamientos o creencias podrían estar detrás de estas emociones. Por ejemplo, si sientes ansiedad al hablar en público, puede deberse a una creencia limitante de que no eres lo suficientemente bueno o que los demás te juzgarán.

Sé consciente de tus pensamientos automáticos, es decir, aquellos pensamientos que aparecen en tu mente sin esfuerzo consciente. Cuando te encuentres pensando cosas como "Nunca lo lograré" o "No soy suficiente", toma nota de estos pensamientos y reflexiona sobre cómo podrían afectar tu actitud y comportamiento.

Presta atención a los patrones de pensamiento recurrentes que surgen en tu mente. Estos patrones pueden incluir la autocrítica constante, la anticipación negativa del futuro o el énfasis en los errores del pasado. Identifique qué creencias podrían subyacer a estos patrones de pensamiento.

Reflexionar sobre situaciones específicas que desencadenan pensamientos o emociones negativas. Pregúntese qué creencias podrían activarse en estas situaciones y cómo influyen en su forma de pensar y comportarse. Por ejemplo, si te sientes inadecuado al compararte con colegas más experimentados, puede deberse a una creencia limitante de que no estás a la altura.

Solicite comentarios de amigos, familiares o colegas de confianza sobre sus hábitos de pensamiento y comportamiento. A veces otros pueden ver las creencias limitantes que escapan a nuestra conciencia y ofrecen una perspectiva diferente y valiosa.

Una vez que hayas identificado las creencias limitantes, puedes comenzar a trabajar activamente en ellas para transformarlas y liberarte de sus efectos negativos en tu vida.

Ejercicio sobre cómo deshacerse de las CREENCIAS LIMITADORAS

Aquí te dejamos un ejercicio práctico que puedes seguir para liberarte de creencias limitantes:

Paso 1: Identificar creencias limitantes

Identifica creencias limitantes: Toma papel y lápiz y escribe cualquier creencia negativa que tengas sobre ti mismo, tus habilidades o tus posibilidades de éxito. Por ejemplo, podría ser "No soy lo suficientemente inteligente para conseguir ese trabajo" o "No merezco el éxito".

Analizar los orígenes: Reflexione sobre experiencias pasadas, influencias culturales o sociales y patrones de pensamiento que han contribuido a estas creencias limitantes.

Paso 2: Desafiar las creencias limitantes

Examine la evidencia en contrario: Tome cada creencia limitante y desafíela activamente. Busque evidencia concreta que refute la veracidad de estas creencias. Por ejemplo, recuerde sus éxitos pasados o recopile comentarios positivos de amigos o colegas que contrarresten las creencias negativas.

Replantear creencias: Reformular las creencias limitantes de maneras más positivas y realistas. Por ejemplo, convierta "No soy lo suficientemente bueno" en "He demostrado que tengo capacidad y que puedo aprender y crecer a partir de mis experiencias".

Paso 3: practica la autocompasión

Auto-aceptación: Practica la aceptación de ti mismo con todas tus imperfecciones y debilidades. Reconoce que todos los humanos tenemos defectos y que no estás solo en tus desafíos.

Trato amable: Trátate a ti mismo con amabilidad y compasión. Sé tu mejor aliado en lugar de tu peor crítico. Háblate a ti mismo con las mismas palabras de bondad y apoyo que usarías con un amigo necesitado.

Paso 4: acción positiva

Enfrenta tus miedos: Identifica acciones que puedes tomar para superar las creencias limitantes y afrontar tus miedos paso a paso. Divida las acciones en tareas más pequeñas y abordelas una a la vez.

Recuerda los éxitos: Celebre cada pequeño éxito en el camino. Mantenga un registro de sus éxitos y logros, incluso los más pequeños. Estos éxitos servirán como prueba tangible de su valor y capacidades.

Refuerzo positivo: Practica la autoafirmación y la visualización positiva. Cada día repítete frases positivas que contrarresten las creencias limitantes e imagínate logrando tus objetivos con éxito.

Paso 5: monitorear y adaptar

Haz un seguimiento de tu progreso: Haz un seguimiento de tus pensamientos, emociones y acciones mientras trabajas para liberarte de las creencias limitantes. Revise periódicamente su progreso y éxitos.

Adapta tu estrategia: Si encuentra obstáculos o vuelve a caer en viejos hábitos de pensamiento, no se desanime. Ajuste su estrategia en consecuencia y continúe participando en el proceso de transformación personal.

Siguiendo estos pasos y realizando un trabajo interior, podrás liberarte gradualmente de las creencias limitantes y allanar el camino hacia una vida más plena, más satisfactoria y auténticamente gratificante.

Cómo aumentar la autoestima

Aumentar la autoestima es un proceso que requiere tiempo, esfuerzo y autorreflexión. A continuación te damos algunos consejos prácticos para mejorar tu autoestima:

Auto-aceptación:

Reconoce tus fortalezas: Concéntrese en sus éxitos, habilidades y rasgos positivos del pasado. Haz una lista de al menos diez cosas que te gusten de ti mismo. Por supuesto, reconocer tus fortalezas es un paso importante para aumentar la autoestima. A continuación se muestra un ejemplo de cómo podría crear su lista:

1. **Creatividad:** Soy bueno encontrando soluciones creativas a problemas y pensando fuera de lo común.

2. **Empatía:** Tengo la capacidad de comprender las emociones de los demás y ser un buen oyente.

3. **Determinación:** Soy una persona decidida y resiliente; No me rindo fácilmente cuando me enfrento a desafíos.

4. **Sentido del humor:** Tengo buen sentido del humor y soy capaz de hacer sonreír a los demás incluso en momentos difíciles.

5. **Habilidades de organización:** Soy muy organizado y puedo administrar mi tiempo de manera eficiente.

6. **Flexibilidad:** Soy adaptable a los cambios y puedo encontrar formas creativas de enfrentar los nuevos desafíos que me presenta la vida.

7. **Generosidad:** Disfruto ayudar a los demás y soy generoso con mi tiempo y recursos cuando alguien necesita apoyo.

8. **Habilidades de comunicación:** Tengo buenas habilidades de comunicación y puedo expresar mis ideas de forma clara y efectiva.

9. **Integridad:** Soy una persona honesta y leal, y siempre mantengo mis valores y principios.

10. **Coraje:** Soy lo suficientemente valiente para enfrentar mis miedos y perseguir mis sueños, incluso cuando parecen aterradores o inalcanzables.

Tómate el tiempo para reflexionar sobre ti mismo e identificar tus cualidades y rasgos positivos. Esta lista puede servir como un valioso recordatorio de sus fortalezas y recursos personales mientras trabaja para aumentar su autoestima.

Acepta tus defectos: Nadie es perfecto. Acepta tus defectos e imperfecciones como parte natural de tu humanidad. Trátate a ti mismo con amabilidad y compasión. Aceptar tus defectos es fundamental para aumentar la autoestima y promover el bienestar emocional. Aquí hay una ampliación sobre cómo puedes practicar la aceptación de tus defectos:

1. **Identifica tus defectos:** Tómate el tiempo para reflexionar sobre tus defectos e imperfecciones. Estos pueden ser aspectos de su personalidad, comportamientos o rasgos físicos que desea cambiar o mejorar.

2. **Reconoce tu humanidad:** Recuerda que ser humano es ser imperfecto. Nadie es perfecto y todos tenemos defectos e imperfecciones. Aceptar esta verdad fundamental puede aliviar la carga del juicio sobre uno mismo.

3. **Practica la bondad contigo mismo:** Trátate con amabilidad y compasión, tal como lo harías con un amigo necesitado. Evite la autocrítica y el autocastigo y, en cambio, háblese a sí mismo con palabras de bondad y apoyo.

4. **Cambia tu perspectiva:** Reconsidera tus defectos desde una perspectiva diferente. Pregúntese si hay formas en

que sus defectos podrían verse de manera más positiva o si podrían convertirse en fortalezas. Por ejemplo, tu timidez podría traducirse en sensibilidad hacia los demás.

5. **Concéntrate en tu progreso:** Reconoce el progreso que has logrado en la gestión de tus deficiencias o en el trabajo para mejorar. Incluso las pequeñas mejoras merecen ser celebradas.

6. **Busque el apoyo de los demás:** Hable con amigos, familiares o un terapeuta de confianza sobre sus sentimientos acerca de sus defectos. Compartir sus experiencias con otros puede ayudarle a comprender que no está solo y recibir apoyo y aliento.

7. **Cultiva la gratitud hacia ti mismo:** Todos los días, tómate el tiempo para reconocer y apreciar tus cualidades positivas y acciones desinteresadas. La gratitud hacia ti mismo puede ayudarte a desarrollar una visión más equilibrada de ti mismo.

Aceptar tus defectos como parte integral de tu humanidad no significa renunciar a la superación personal, sino adoptar una perspectiva más amorosa y compasiva de ti mismo mientras buscas crecer y desarrollarte.

Autoafirmación:

Practica la afirmación positiva: Todos los días repítete frases de autoafirmación como "Soy digno de amor y respeto", "Soy capaz de afrontar los retos que la vida me presenta", "Merezco el éxito y la felicidad". Las afirmaciones positivas pueden ser una herramienta poderosa para mejorar la autoestima y promover el bienestar emocional. Así es como puedes practicar la afirmación positiva:

1. **Identifica afirmaciones que resuenen contigo:** Elige frases o declaraciones que reflejen lo que quieres sentir o manifestar en tu vida. Estas afirmaciones deben ser positivas, realistas y alineadas con tus valores y objetivos personales.

2. **Repita las afirmaciones con regularidad:** Encuentre un momento de tranquilidad cada día, preferiblemente por la mañana o por la noche, para repetir sus afirmaciones positivas. Puedes hacerlo en voz alta frente al espejo o simplemente en tu mente. Lo importante es que te concentres completamente en el significado y sentimiento de cada afirmación mientras la repites.

3. **Cree un entorno de apoyo:** Elija un entorno tranquilo y sin distracciones para practicar sus afirmaciones. Puedes encender una vela aromática, escuchar música relajante o crear una atmósfera que te haga sentir cómodo y concentrado.

4. **Involucra múltiples sentidos:** Al repetir tus afirmaciones, involucra tantos sentidos como sea posible para aumentar su impacto emocional. Por ejemplo, imagina sentir la sensación de calidez y comodidad mientras repites "Merezco el éxito y la felicidad" o visualizas mentalmente situaciones que confirman la afirmación.

5. **Sé consciente de la resistencia interna:** Es normal que tu mente intente rechazar afirmaciones positivas si no cree que sean ciertas o creíbles. Sé consciente de estas resistencias internas y trátalas con amabilidad y paciencia. Reconozca que el cambio requiere tiempo y perseverancia.

6. **Integra las afirmaciones en tu rutina diaria:** Incorpora la práctica de las afirmaciones a tu rutina diaria para que se convierta en un hábito establecido. Puedes hacer esto al despertar, antes de dormir, durante la meditación o durante momentos de autorreflexión.

7. **Mida el progreso:** Realice un seguimiento de su progreso en la práctica de afirmaciones y observe cualquier cambio en su estado de ánimo, autoestima y visión de sí mismo a lo largo del tiempo. Anota los resultados positivos que experimentes para reforzar tu compromiso con la práctica.

Practicar afirmaciones positivas puede ser una forma eficaz de cambiar tus patrones de pensamiento y mejorar tu autoestima a largo plazo. Sea coherente y amable consigo mismo mientras participa en este proceso de crecimiento personal.

Vista positiva: Imagínese logrando sus objetivos y experimentando el éxito en diferentes áreas de su vida. Visualízate como una persona segura y realizada. La visualización positiva es una práctica poderosa que puede ayudarte a fortalecer tu autoestima y manifestar tus metas. Así es como puedes practicar la visualización positiva:

1. **Encuentra un lugar tranquilo:** Encuentra un lugar tranquilo y sin distracciones donde puedas relajarte y concentrarte en la visualización. Puede ser un rincón de tu casa, un parque tranquilo o cualquier lugar que te haga sentir cómodo.

2. **Relájate y respira profundamente:** Antes de comenzar la visualización, tómate un tiempo para relajarte y calmar tu mente. Respira profundamente y libera cualquier tensión o preocupación que puedas sentir.

3. **Visualiza tus metas:** Cierra los ojos y visualízate claramente logrando tus metas. Imagínese involucrado activamente en el proceso y experimentando todas las emociones positivas asociadas con el éxito. Ver detalles específicos de la situación, incluidos sonidos, colores y sensaciones físicas.

4. **Sea realista pero ambicioso:** Visualícese como una persona segura y exitosa, pero asegúrese de que su visualización sea realista y esté alineada con sus valores y objetivos personales. Imagínese superar desafíos y afrontar las dificultades con confianza y determinación.

5. **Concéntrate en las emociones:** Concéntrate en las emociones positivas que experimentas mientras visualizas el éxito. Imagínese sentir alegría, gratitud, satisfacción y confianza en sí mismo al lograr sus objetivos.

6. **Repita la visualización con regularidad:** Practique la visualización positiva con regularidad, preferiblemente todos los días o al menos algunos días a la semana. Cuanto más a

menudo practiques la visualización, más eficaz será para moldear tu forma de pensar y fortalecer tu autoestima.

7. **Combine la visualización con una acción concreta:** La visualización positiva es más efectiva cuando se combina con una acción concreta. Después de visualizar su éxito, comprométase a tomar medidas tangibles para lograr sus objetivos.

8. **Expresa Gratitud:** Al final de tu visualización, expresa gratitud por el éxito que visualizaste y por todas las oportunidades y recursos disponibles para lograr tus objetivos.

La visualización positiva puede ser una herramienta poderosa para aumentar su autoestima, mejorar su confianza en sí mismo y manifestar sus sueños y metas en la vida. Sea constante y comprometido con su práctica y vea cómo su forma de pensar y su vida pueden mejorar con el tiempo.

Establecer metas realistas:

Elija objetivos realistas: Establezca metas que sean desafiantes pero alcanzables. Divide tus objetivos en pequeños pasos y celebra cada progreso que logres. Establecer metas realistas es crucial para aumentar la autoestima y mantener la motivación para perseguir sus sueños y metas. Así es como puedes elegir objetivos realistas y crear un plan de acción para alcanzarlos:

1. **Reflexiona sobre tus valores e intereses:** Antes de fijarte metas, reflexiona sobre lo que es realmente importante para ti y lo que quieres lograr en la vida. Considere sus valores, pasiones e intereses para asegurarse de que los objetivos que elija sean significativos para usted.

2. **Se específico y medible:** Define claramente los objetivos que deseas alcanzar para que sean específicos y medibles. Por ejemplo, en lugar de establecer un objetivo general de "ponerse en forma", podría especificar "correr 5 km tres veces por semana antes de fin de mes".

3. **Divida los objetivos en pasos más pequeños:** Divida los objetivos complejos en pasos más pequeños y manejables. Esto hará que sus objetivos sean más fáciles de alcanzar y le ayudará a mantenerse motivado a largo plazo. Por ejemplo, si tu objetivo es escribir un libro, puedes dividirlo en objetivos más pequeños, como "escribir 500 palabras al día" o "completar un capítulo en una semana".

4. **Establezca un cronograma:** Establezca una fecha límite realista para lograr cada objetivo. Esto le ayudará a mantener la concentración y establecer prioridades para alcanzar sus objetivos.

5. **Cree un plan de acción:** Una vez que haya definido sus objetivos, cree un plan de acción detallado que describa los pasos específicos que debe seguir para alcanzarlos. Identifique los recursos y habilidades que necesita y planifique cómo obtener el apoyo que necesita para tener éxito.

6. **Supervise y evalúe su progreso:** Realice un seguimiento de su progreso hacia el logro de sus objetivos y evalúe periódicamente qué funcionó bien y qué podría mejorarse. Celebre cualquier progreso que logre y utilice los obstáculos como oportunidades para aprender y crecer.

7. **Haz ajustes cuando sea necesario:** Si descubres que las metas que has establecido no son realistas o que necesitas hacer cambios en tu plan de acción, no dudes en hacer ajustes. Ser flexible y adaptable es esencial para alcanzar con éxito sus objetivos a largo plazo.

Establecer metas realistas te ayuda a mantener la confianza en ti mismo y a mantenerte motivado para perseguir tus sueños y metas. Recuerde ser amable y paciente consigo mismo mientras trabaja para alcanzar sus objetivos y celebre cada paso adelante en el camino.

Celebre los éxitos: Reconoce y celebra tus éxitos, incluso los más pequeños. Estos éxitos alimentan tu confianza en ti mismo y te motivan a seguir creciendo. Celebrar los éxitos es clave para mantenerte motivado, desarrollar tu autoestima y seguir avanzando hacia tus objetivos. Aquí hay algunas maneras de reconocer y celebrar sus éxitos, grandes y pequeños:

1. **Reconozca los éxitos diarios:** Tómese un tiempo cada día para reflexionar sobre los pequeños éxitos que ha logrado. Vale la pena celebrar incluso las pequeñas victorias, como completar una tarea importante o superar un desafío.

2. **Lleve un diario de éxitos:** Lleve un diario donde anote sus éxitos diarios o semanales. Esto le ayudará a seguir su progreso a lo largo del tiempo y reconocer hasta dónde ha llegado.

3. **Celebra con una recompensa:** Recompénsate por tus éxitos con una pequeña recompensa. Podría ser algo tan simple como una pausa para el café, un paseo por el parque o una tarde relajante en casa con una película o un libro que te guste.

4. **Comparta sus éxitos con otros:** Hable sobre sus éxitos con amigos, familiares o colegas de confianza. Compartir sus victorias con otros les permite celebrarlas juntos y les ofrece apoyo adicional en su viaje.

5. **Visualiza tus logros:** Crea un tablero de logros o un collage visual que represente tus logros más importantes. Visualizar tus éxitos te ayuda a mantenerte motivado y recordar lo capaz que eres.

6. **Tenga una celebración especial:** Organice una celebración especial por sus mayores logros. Podría ser una cena con amigos, un viaje fuera de la ciudad o cualquier otra actividad que te haga sentir celebrado y apreciado.

7. **Reconoce la importancia de los pequeños pasos:** Recuerda que vale la pena celebrar incluso los pequeños avances. Cada paso adelante que das te acerca un poco más a tus objetivos y merece tu reconocimiento.

Celebrar los éxitos le ayuda a mantenerse motivado, aumentar su autoestima y mantener una actitud positiva mientras trabaja para alcanzar sus objetivos. No subestimes la importancia de reconocer tus éxitos, grandes y pequeños, a lo largo del camino de tu desarrollo personal.

Cuídate:

Mantenga un estilo de vida saludable: Haga ejercicio con regularidad, coma de forma saludable, duerma lo suficiente y controle el estrés. Cuidar tu cuerpo ayuda a mejorar tu estado de ánimo y tu confianza en ti mismo.

Buscar intereses y pasatiempos: Encuentra actividades que te apasionen y que te hagan sentir realizado. Involúcrate en pasatiempos que te brinden alegría y satisfacción.

Construyendo relaciones positivas:

Rodéate de personas que te apoyen: Busca relaciones que te alienten, te inspiren y te hagan sentir amado y aceptado tal como eres.

Aprenda a establecer límites saludables: Sea asertivo al defender sus necesidades y valores. Aprenda a decir no cuando sea necesario y a pedir ayuda cuando la necesite.

Educación continua:

Invierte en ti mismo: Continuar aprendiendo y creciendo. Realice cursos, lea libros, escuche podcasts o vea seminarios web sobre temas que le interesen y que le ayuden a desarrollar sus habilidades y conciencia. Por supuesto, invertir en ti mismo es una forma valiosa de mejorar tu autoestima, desarrollar tus habilidades y ampliar tus perspectivas. Así es como puedes hacerlo:

Identifica tus áreas de interés: Reflexiona sobre qué áreas de tu vida o trabajo deseas mejorar o explorar más a fondo. Esto podría incluir habilidades profesionales, intereses personales, bienestar emocional o relaciones interpersonales.

Buscar recursos educativos: Busque cursos, libros, podcasts, seminarios web u otros tipos de recursos educativos que se centren en los temas que le interesan. Puede utilizar Internet, librerías locales, plataformas de capacitación en línea o grupos de estudio para encontrar recursos que se ajusten a sus necesidades.

Establezca objetivos de aprendizaje: Fíjese objetivos de aprendizaje claros y realistas. Por ejemplo, es posible que desee aprender una nueva habilidad, profundizar su conocimiento sobre un tema específico o mejorar sus habilidades de comunicación.

Planifica tu tiempo: Reserva tiempo para el aprendizaje y el crecimiento personal con regularidad en tu agenda diaria o semanal. Reserva espacios de tiempo dedicados a estudiar o explorar temas que te interesen.

Esté abierto a nuevas ideas: Mantenga la mente abierta mientras explora nuevos temas y profundiza su comprensión del mundo. Esté dispuesto a desafiar sus creencias existentes y adoptar nuevas perspectivas e ideas.

Aplica lo que aprendes: Busca formas prácticas de aplicar lo que aprendes en tu vida diaria o en tu trabajo. La aplicación práctica le ayuda a consolidar sus conocimientos y convertirlos en habilidades reales.

Busque el apoyo de otras personas: Comparta sus experiencias de aprendizaje con amigos, familiares o colegas de confianza. Participar en debates o grupos de estudio puede enriquecer aún más su experiencia de aprendizaje y brindarle oportunidades de crecimiento.

Evalúa tu progreso: Evalúa periódicamente tu progreso en el aprendizaje y crecimiento personal. Reflexiona sobre lo que has aprendido, los desafíos que has enfrentado y cómo puedes continuar desarrollando tus habilidades con el tiempo. Invertir en ti mismo es una inversión que aporta beneficios a largo plazo a tu autoestima, a tu carrera y a tu vida en general. Continúe participando en el aprendizaje y el crecimiento personal, y disfrute del viaje de descubrimiento y desarrollo.

Desarrolla resiliencia: Abordar los desafíos con una mentalidad positiva y una perspectiva orientada a soluciones. Vea los obstáculos como oportunidades de crecimiento y aprenda de sus experiencias. Desarrollar la resiliencia es esencial para afrontar los desafíos de la vida con confianza y determinación. Así es como puedes desarrollar la resiliencia:

Cambiar perspectiva: Considere los desafíos como oportunidades de crecimiento personal. Considere cada obstáculo como una oportunidad de aprender algo nuevo sobre usted y el mundo que lo rodea.

Acepta el cambio: La vida está llena de cambios y eventos inesperados. Aceptar que el cambio es parte integral de la existencia humana y desarrollar la flexibilidad mental para adaptarse a nuevos escenarios.

Mantenga una mentalidad positiva: Sea consciente de sus pensamientos y trate de mantener una actitud optimista incluso en situaciones difíciles. Centrarse en las soluciones en lugar de los problemas.

Construya una red de apoyo: Busque el apoyo de amigos, familiares u otras personas de confianza cuando se enfrente a momentos difíciles. Tener una sólida red de apoyo puede ayudarle a superar los desafíos con mayor facilidad.

Practica la gratitud: Tómate un tiempo cada día para reflexionar sobre aquello por lo que estás agradecido en tu vida. La gratitud te ayuda a mantener una actitud positiva incluso en tiempos difíciles.

Cuídate: Asegúrate de reservar tiempo para el descanso, la relajación y actividades que te llenen de alegría y satisfacción. Una buena salud física, emocional y mental es clave para desarrollar la resiliencia.

Aprende de tus experiencias: Reflexiona sobre tus experiencias pasadas y las lecciones que has aprendido de ellas. Utilice estas experiencias como guía para enfrentar nuevos desafíos en su vida.

Mantén el foco en tus recursos: Concéntrate en tus recursos personales, como tus habilidades, competencias y relaciones, cuando enfrentes desafíos. Esto le ayudará a desarrollar una mayor confianza en su capacidad para superar los desafíos.

Desarrollar la resiliencia requiere tiempo y práctica constante, pero puede tener un impacto significativo en su capacidad para enfrentar las dificultades con valentía y determinación. Continúe cultivando su resiliencia y recuerde que cada desafío que enfrente es una oportunidad para crecer y fortalecerse.

Recuerde que aumentar la autoestima es un viaje personal que requiere tiempo y esfuerzo constante. Sea paciente consigo mismo y concéntrese en lograr un progreso constante para desarrollar una confianza saludable en sí mismo y alcanzar su máximo potencial.

La importancia de los pensamientos positivos

Los pensamientos positivos son clave para el bienestar mental y emocional. Pueden influir enormemente en la forma en que afrontamos los desafíos diarios y las situaciones difíciles. He aquí por qué son tan importantes:

Los pensamientos positivos pueden ayudar a mejorar nuestro estado de ánimo general. Al centrarnos en lo bueno de nuestras vidas en lugar de en las cosas negativas, podemos sentirnos más optimistas y felices.

Pensar positivamente puede reducir el estrés y la ansiedad. Cuando abordamos los desafíos con una mentalidad positiva, tendemos a sentirnos más seguros de nuestra capacidad para afrontarlos.

Los estudios científicos han demostrado que los pensamientos positivos pueden tener beneficios para la salud física. Una mentalidad optimista se asocia con un sistema inmunológico más fuerte, una presión arterial reducida y una mayor longevidad.

La positividad puede aumentar nuestra resiliencia, permitiéndonos afrontar mejor los obstáculos y la adversidad. Cuando somos capaces de ver el lado positivo de las situaciones difíciles, nos volvemos más capaces de superarlas.

Las personas atraídas por pensamientos positivos tienden a tener relaciones más satisfactorias. Ser optimista y animar a los demás puede crear vínculos más fuertes y saludables.

Una mentalidad positiva puede aumentar nuestra motivación y energía. Cuando somos optimistas acerca de nuestras capacidades y nuestras posibilidades de éxito, es más probable que participemos plenamente en nuestras actividades y persigamos nuestras metas con determinación.

En última instancia, los pensamientos positivos no sólo mejoran nuestra calidad de vida, sino que también pueden tener un impacto significativo en nuestro éxito y felicidad general.

Cómo cultivar pensamientos positivos

Cultivar pensamientos positivos es un proceso que requiere práctica y compromiso, pero que puede generar grandes beneficios para el bienestar mental y emocional.

Practica la gratitud:Tómate un tiempo cada día para reflexionar sobre aquello por lo que estás agradecido. Puedes llevar un diario de gratitud en el que anotes al menos tres cosas positivas que sucedieron durante el día. Practicar la gratitud puede tener un impacto significativo en nuestro bienestar emocional y mental. Llevar un diario de gratitud es una excelente manera de cultivar esta actitud positiva.

Dedica un momento específico del día para escribir en tu diario de gratitud, como antes de irte a dormir o cuando te despiertas por la mañana.

Haga de escribir las cosas por las que está agradecido un hábito diario. Cuanto más lo hagas, más natural y poderoso se volverá.

Cuando escriba en su diario de gratitud, trate de ser lo más específico posible acerca de aquello por lo que se siente agradecido. No te limites a enumerar las cosas obvias, sino que profundiza y reflexiona sobre detalles específicos que te hicieron feliz o que aprecias.

Intenta no repetir una y otra vez las mismas cosas por las que estás agradecido. Escriba una variedad de experiencias, grandes y pequeñas, para evitar la monotonía y mantener viva su gratitud.

Intente activar sus sentidos mientras reflexiona sobre aquello por lo que está agradecido. Por ejemplo, en lugar de simplemente escribir "Estoy agradecido por el sol", podrías escribir "Estoy agradecido por el calor del sol en mi cara mientras camino".

Además de enumerar las cosas por las que estás agradecido, tómate un tiempo para reflexionar sobre por qué te hacen sentir agradecido. Esto te ayudará a conectarte emocionalmente con tu gratitud y reconocer su valor.

Incluso en los días más difíciles, intenta siempre encontrar al menos tres cosas por las que estés agradecido. Practicar la gratitud es especialmente importante cuando las cosas parecen ir mal, ya que puede ayudarte a encontrar luz incluso en las situaciones más oscuras.

Seguir estos consejos puede ayudarte a crear un diario de gratitud significativo y aprovechar todos los beneficios de practicar la gratitud en tu vida diaria.

Céntrate en el presente:Concéntrese en el momento presente en lugar de preocuparse por el pasado o el futuro. Practicar la atención plena puede ayudarte a permanecer en el momento presente y apreciar las pequeñas alegrías de la vida. Centrarse en el momento presente es un componente clave de la práctica de la atención plena.

Dedica unos minutos cada día a concentrarte en tu respiración. Respira profundamente y nota el movimiento de la respiración en tu cuerpo. Esto te ayudará a mantenerte firme en el momento presente.

Presta atención a tus sentidos y a las sensaciones que experimentas en este momento. Observa los colores, sonidos, olores, sabores y sensaciones físicas que te rodean. Esto te ayudará a ponerte en contacto con el aquí y el ahora.

Sea consciente durante las actividades diarias como cepillarse los dientes, ducharse o comer. Concéntrate completamente en la experiencia de ese momento en lugar de dejar que tu mente divague hacia otra parte.

Acepta completamente el momento presente, con todos sus matices, sin juzgar. Incluso si las cosas no son exactamente como te gustaría, intenta aceptarlas como son y encuentra la paz en el momento presente.

La meditación es una excelente manera de entrenar tu mente para permanecer en el momento presente. Incluso unos pocos minutos al día pueden marcar la diferencia en su nivel de conciencia y atención plena.

Cuando tu mente comience a divagar hacia el pasado o el futuro, observa tus pensamientos sin juzgarlos. Simplemente obsérvalos y luego regresa tu atención al momento presente.

Practicar la atención plena requiere tiempo y esfuerzo, pero puede conducir a una mayor paz interior, una reducción del estrés y un mayor aprecio por la vida.

Desafía los pensamientos negativos: cuando te encuentres pensando negativamente, intenta desafiar esos pensamientos y reemplazarlos con pensamientos más positivos y realistas. Pregúntese si hay otra perspectiva a considerar o si hay elementos positivos en la situación. Desafiar los pensamientos negativos es un paso importante para desarrollar una mentalidad más positiva y resiliente.

El primer paso es tomar conciencia de los pensamientos negativos a medida que surgen. Tómate el tiempo para identificar qué pensamientos te causan estrés o ansiedad.

Una vez que haya identificado los pensamientos negativos, pregúntese si existe evidencia concreta que los respalde. A menudo nuestros pensamientos negativos se basan en suposiciones o miedos irracionales. Pregúntese qué tan verdaderos o realistas son estos pensamientos.

Intenta encontrar alternativas más realistas y positivas a tus pensamientos negativos. Pregúntese si hay otra perspectiva a considerar o si hay elementos positivos en la situación en los que concentrarse.

Trátate con amabilidad y compasión cuando enfrentes pensamientos negativos. Reconoce que es normal tener pensamientos negativos y que no estás solo en esta experiencia.

Busque evidencia concreta que contrarreste sus pensamientos negativos. Pregúntate si hay experiencias pasadas en las que tus miedos no se hicieron realidad o si hay aspectos positivos en la situación en los que puedas concentrarte.

Reemplace el lenguaje negativo con un lenguaje más amable y compasivo. Por ejemplo, en lugar de decir "Nunca haré esto", intenta decir "Es normal sentirme abrumado, pero puedo afrontar este desafío".

Reflexionar sobre aquello por lo que estás agradecido puede ayudarte a cambiar tu enfoque de los pensamientos negativos a los positivos.

Los pensamientos negativos no son la realidad. Aprenda a desapegarse de ellos y no permita que afecten su estado de ánimo o su comportamiento más de lo que deberían.

Desafiar los pensamientos negativos requiere práctica y paciencia, pero con el tiempo puedes aprender a gestionar de forma más eficaz tu diálogo interno y cultivar una mentalidad más positiva y resiliente.

Crea una rutina positiva:Intenta incorporar a tu rutina diaria actividades que te pongan de buen humor. Esto podría incluir hacer ejercicio, leer libros que te inspiren, escuchar música relajante o pasar tiempo con personas que te hagan sentir bien. Crear una rutina positiva es esencial para mantener un buen equilibrio mental y emocional.

Reserve tiempo cada día para la actividad física que disfrute. Puede ser una caminata, una carrera, una sesión de gimnasio o una práctica de yoga. El ejercicio libera endorfinas en tu cuerpo, mejorando tu estado de ánimo y reduciendo el estrés.

Dedica tiempo a leer libros que te inspiren, motiven y animen. Podrían ser libros de crecimiento personal, novelas motivadoras o ensayos que te ayuden a ver las cosas desde diferentes perspectivas.

Crea una lista de reproducción de música que te ponga de buen humor o te relaje. Puede ser música alegre y animada para levantarle el ánimo o música tranquila y relajante para ayudarle a relajarse y reducir el estrés.

Pasa tiempo con personas que te hagan sentir bien y que te apoyen. Organiza reuniones con amigos, familiares o compañeros que te aporten energía positiva y con los que te sientas cómodo.

Como se mencionó anteriormente, tómate un tiempo cada día para reflexionar sobre aquello por lo que estás agradecido. Esto puede ayudarle a mantener una perspectiva positiva y concentrarse en las cosas positivas de su vida.

Dedica tiempo a actividades que te apasionen y que te hagan sentir realizado. Ya sea pintar, cocinar, tocar un instrumento musical o cultivar un jardín, dedicar tiempo a tus pasiones puede aumentar tu sensación de satisfacción y alegría.

Reserve tiempo cada día para la tranquilidad y la relajación. Puede ser una breve meditación, un paseo por la naturaleza, una pausa para practicar la respiración consciente o simplemente sentarse en silencio durante unos minutos.

Incorporar estas actividades a tu rutina diaria puede ayudarte a mantener una actitud positiva y gestionar el estrés de forma más eficaz. ¡Experimente con diferentes actividades y vea cuál funciona mejor para usted!

Rodéate de gente positiva:Trate de pasar tiempo con personas optimistas y alentadoras que lo apoyen en momentos difíciles. Rodearnos de gente positiva puede tener un impacto significativo en nuestro bienestar emocional y mental.

Intenta pasar tiempo con personas que tengan una actitud positiva ante la vida y que te alienten a ser tu mejor yo. Evite las personas que tienden a ser pesimistas o que proyectan energía negativa.

Cultive relaciones con personas que lo apoyen y alienten en momentos difíciles. Estas personas pueden ser amigos, familiares, colegas o miembros de grupos de apoyo que comparten sus valores y objetivos.

Intenta pasar tiempo con personas que te inspiren y te motiven a perseguir tus sueños y metas. Estas personas pueden ser modelos a seguir o mentores que hayan logrado el éxito en las áreas que le interesan.

Estar rodeado de gente positiva no significa sólo recibir apoyo, sino también ofrecérselo a los demás. Sea un buen oyente y un amigo solidario con quienes lo rodean, ofreciendo su apoyo y aliento cuando lo necesiten.

Intenta cultivar relaciones auténticas y significativas con las personas que te rodean. Esto significa ser abierto, honesto y vulnerable con los demás, creando una base sólida para una conexión profunda y duradera.

Si hay personas en tu vida que constantemente te deprimen o te hacen sentir estresado, trata de limitar el tiempo que pasas con ellas. Mantén tu distancia de situaciones tóxicas que puedan afectar tu bienestar emocional.

Agradece a las personas positivas que te rodean y muéstrales aprecio por su apoyo y aliento. Mostrar gratitud puede fortalecer las relaciones y crear un sentido de aprecio mutuo.

Rodearse de personas positivas puede tener un impacto significativo en su felicidad y bienestar general. Busque activamente crear un círculo social que lo apoye e inspire mientras persigue sus metas en la vida.

Practica la autocompasión:Sé amable contigo mismo y trátate con el mismo amor y respeto que muestras a los demás. Acepta tus defectos e imperfecciones y recuerda que nadie es perfecto. Practicar la autocompasión es esencial para desarrollar una relación sana contigo mismo y promover el bienestar mental y emocional.

Presta atención a tus pensamientos y emociones sin juzgar. Reconoce cuándo estás experimentando dolor o sufrimiento emocional y acepta estas sensaciones como parte de la experiencia humana.

Sea amable y compasivo consigo mismo, tal como lo sería con un amigo necesitado. Háblate a ti mismo con palabras amables y amorosas en lugar de críticas y críticas.

Acepta tus errores e imperfecciones sin juzgar. Perdónate por las malas decisiones o por los momentos en los que te sientes inadecuado. Recuerde que cometer errores es una parte integral del proceso de aprendizaje y crecimiento.

Reemplace los pensamientos negativos y de autocrítica con afirmaciones positivas y compasivas. Por ejemplo, en lugar de decir "Soy un fracaso", intente decir "Estoy haciendo lo mejor que puedo y puedo aprender de los errores".

Reflexiona sobre lo que amas y aprecias de ti mismo. Concéntrese en sus cualidades positivas y éxitos en lugar de centrarse únicamente en sus defectos y deficiencias.

Tómate un tiempo para ti e invierte en actividades que te brinden alegría y satisfacción. Esto podría incluir dar un paseo por la naturaleza, meditar, tomar un baño relajante o dedicarse a un pasatiempo que le guste.

Acepta y celebra tu singularidad e individualidad. Reconoce tu valor intrínseco como ser humano y trátate con el respeto y el amor que mereces.

Practicar la autocompasión requiere práctica y compromiso constantes, pero puede conducir a una mayor felicidad, resiliencia y bienestar general. No olvides ser amable contigo mismo mientras trabajas para cultivar una relación amorosa y compasiva contigo mismo.

Ver éxito:Imagínese logrando sus objetivos y visualice el éxito. Esto puede ayudarle a mantenerse motivado y concentrado en los resultados positivos que desea lograr. La visualización del éxito es una técnica poderosa para mantenerse motivado y concentrado en los resultados deseados.

Antes de comenzar con la visualización, asegúrese de tener objetivos claros y definidos. Estos objetivos deben ser específicos, mensurables, realistas, relevantes y con plazos determinados (SMART).

Imagínese logrando sus objetivos con el mayor detalle posible. Visualiza cada aspecto de tu experiencia: lo que ves, lo que oyes, lo que sientes, lo que hueles, lo que saboreas. Haga que su visualización sea animada y atractiva.

Al verlo, active todos sus sentidos. Vea imágenes vívidamente, imagine el sonido de las personas felicitándolo, sienta la sensación de felicidad y satisfacción al lograr sus objetivos.

Imagine también los obstáculos que puede encontrar en su camino hacia el éxito. Visualízate afrontándolos con determinación y superándolos con éxito. Esto le ayudará a prepararse mentalmente para los desafíos que pueda encontrar en el camino.

Dedica tiempo todos los días a visualizar el éxito. Puedes hacerlo por la mañana antes de empezar el día, durante la pausa del almuerzo o antes de acostarte por la noche. Cuanto más frecuentemente visualices tu éxito, más poderoso y convincente será.

Mientras mira, mantenga una actitud positiva y segura. Crees firmemente que puedes alcanzar tus objetivos y que el éxito está a tu alcance.

Utilice la visualización del éxito como fuente de motivación e inspiración para actuar hacia sus objetivos. Tome medidas concretas todos los días para acercarse a su éxito imaginado.

Visualizar el éxito puede ser una herramienta poderosa para alcanzar sus objetivos y mantener alta la motivación a lo largo del camino. Dedique algún tiempo a practicar esta técnica y vea cómo puede impactar positivamente su vida y su éxito general.

Ayuda a otros:Sea voluntario u ofrezca su apoyo a otros. Contribuir al bienestar de los demás puede brindarle una sensación de logro y gratificación. Ayudar a los demás es una forma poderosa de contribuir al bienestar de los demás y del propio.

Encuentre una organización local o una organización benéfica que trabaje por una causa que le interese y ofrezca su tiempo y experiencia como voluntario. Puede ser voluntario en un refugio para personas sin hogar, una organización de cuidado de personas mayores, un refugio de animales u otros programas de voluntariado.

Busque formas de ayudar a las personas necesitadas en su comunidad. Podrías ofrecerte a hacer las compras para un vecino anciano, prestar tu apoyo a una familia con dificultades financieras o pasar tiempo trabajando con niños en un refugio.

Ofrece tus habilidades y conocimientos para ayudar a los demás. Por ejemplo, si eres bueno en matemáticas, podrías ofrecerte como tutor de un estudiante que tenga dificultades con la materia. Si eres un experto en informática, podrías ofrecer tu ayuda para resolver los problemas técnicos de alguien.

A menudo, el simple acto de escuchar y ofrecer apoyo emocional puede marcar una gran diferencia en la vida de los demás. Esté ahí para las personas que necesitan alguien con quien hablar y ofrecerles su apoyo incondicional.

Busque formas de realizar actos de bondad al azar todos los días. Podrías abrirle una puerta a alguien, pagarle el café a la persona que está detrás de ti en la fila o escribir una nota de agradecimiento a un amigo o colega.

Participe en eventos de recaudación de fondos o campañas benéficas que apoyen causas importantes. Puede participar en caminatas benéficas, ventas benéficas o eventos de concientización para recaudar dinero para organizaciones sin fines de lucro.

Ayude a crear conciencia sobre temas importantes y promueva la educación sobre temas que le interesen. Puede utilizar las redes sociales para compartir información, participar en eventos de concientización u ofrecer su apoyo a organizaciones que trabajan por un cambio positivo.

Ya sea que ofrezca su tiempo, recursos o apoyo emocional, contribuir al bienestar de los demás puede brindarle una sensación de logro y gratificación. Recuerde que incluso las pequeñas acciones pueden marcar una gran diferencia en la vida de los demás.

Cultivar pensamientos positivos requiere tiempo y esfuerzo constante, pero con la práctica puedes desarrollar una mentalidad más optimista y resiliente.

Cómo desterrar los pensamientos negativos

Desterrar los pensamientos negativos puede ser un desafío, pero existen varias estrategias que puedes utilizar para gestionarlos de forma eficaz.

El primer paso para afrontar los pensamientos negativos es reconocerlos cuando surgen. Toma conciencia de tus pensamientos e identifica aquellos que son negativos o dañinos.

Cuando notes que tienes pensamientos negativos, intenta distraerte con actividades que disfrutes o que te mantengan ocupado. Lee un libro, mira una película, sal a caminar o dedica tiempo a un pasatiempo que te apasione.

La atención plena es la práctica de permanecer en el momento presente sin juzgar. Cuando surjan pensamientos negativos, trate de observarlos sin reaccionar emocionalmente. Reconoce que son sólo pensamientos y que no definen tu realidad.

Una vez que reconozca los pensamientos negativos, intente reemplazarlos con pensamientos positivos y constructivos. Por ejemplo, si piensas "No soy lo suficientemente bueno", sustitúyelo por "Estoy haciendo lo mejor que puedo y puedo mejorar con la práctica".

Concéntrate en aquello por lo que estás agradecido en tu vida. Tómate un tiempo cada día para reflexionar sobre tres cosas positivas que te hayan sucedido o tres cosas por las que estés agradecido. Esto puede ayudarle a cambiar su enfoque de los pensamientos negativos a los positivos.

Habla con alguien en quien confíes sobre tus pensamientos y sentimientos negativos. Compartir lo que siente puede aligerar la carga y obtener una perspectiva externa.

El ejercicio es una excelente manera de mejorar su estado de ánimo y reducir el estrés. Realiza actividad física con regularidad para ayudar a liberar tensiones y ahuyentar los pensamientos negativos.

Intenta rodearte de gente positiva y crea un ambiente que te haga sentir seguro y feliz. Elimina las fuentes de estrés o negatividad de tu vida si es posible.

Si los pensamientos negativos persisten y afectan significativamente su vida diaria, considere hablar con un profesional de la salud mental. Un terapeuta puede brindarle apoyo y herramientas para lidiar con sus pensamientos de manera efectiva.

Recuerda que desterrar los pensamientos negativos es un proceso que requiere tiempo y práctica. Sea amable consigo mismo mientras aprende a manejar sus pensamientos de una manera más positiva y constructiva.

La sonrisa, el arma más poderosa

Sonreír es un arma poderosa que puede tener un impacto positivo en uno mismo y en los demás.

Aunque sonreír cuando no estás feliz puede parecer falso al principio, el simple acto de sonreír puede estimular tu cerebro para que libere endorfinas y serotonina, neurotransmisores que mejoran el estado de ánimo y reducen el estrés.

Sonreír puede ayudar a reducir los niveles de cortisol, la hormona del estrés, en el cuerpo. Si bien no siempre puedes controlar las circunstancias estresantes, puedes controlar tu reacción sonriendo.

Sonreír puede estimular el sistema inmunológico, aumentando la producción de células inmunes y proteínas que combaten enfermedades. Esto puede ayudar a protegerlo de enfermedades e infecciones.

La sonrisa es un lenguaje universal que puede ayudarte a conectar con los demás. Sonreír puede ayudar a romper el hielo, crear un ambiente positivo y establecer relaciones más fuertes y profundas con los demás.

Una sonrisa genuina puede hacerte más atractivo para los demás. Puede transmitir confianza, felicidad y apertura, haciéndote más atractivo y atractivo.

Sonreír también puede tener efectos analgésicos, reduciendo la percepción del dolor. Esto se debe a los neurotransmisores que se liberan al sonreír y que tienen un efecto calmante en el cuerpo.

Los estudios han demostrado que las personas que sonrien suelen tener vidas más largas y saludables que las que no lo hacen. Sonreír puede reducir la presión arterial, mejorar la salud cardiovascular y contribuir a una mejor calidad de vida en general.

En resumen, sonreír es un arma poderosa que puede mejorar tu bienestar físico y mental, fortalecer tus relaciones sociales e incluso contribuir a una vida más larga y saludable. Por lo tanto, no subestimes el poder de una sonrisa: es una inversión valiosa para ti y para los demás.

Amabilidad

Tratar a los demás con amabilidad tiene numerosos beneficios, tanto para ti como para quienes conoces. Esto es lo que sucede cuando muestras bondad a los demás:

La bondad crea un ambiente de apoyo para construir y mantener relaciones positivas. Cuando muestras bondad hacia los demás, creas un sentido de confianza, respeto y aprecio mutuo que puede fortalecer los vínculos con los demás.

Ser amable puede aumentar tu bienestar emocional. Actuar con amabilidad puede estimular la producción de neurotransmisores como la oxitocina, conocida como la hormona del amor y la felicidad, que puede mejorar el estado de ánimo y reducir el estrés.

La bondad es contagiosa. Cuando muestras bondad hacia los demás, a menudo también inspiras bondad en las personas que te rodean. Esto puede crear un efecto dominó en el que los actos de bondad se propaguen por toda la comunidad.

La amabilidad ayuda a crear un clima positivo e inclusivo en cada entorno. Puede ayudar a reducir la tensión y el conflicto, promoviendo en cambio la colaboración, la comprensión y el apoyo mutuo.

Ser amable con los demás también puede aumentar tu autoestima y confianza en ti mismo. Saber que has tenido un impacto positivo en la vida de los demás puede hacerte sentir valorado y apreciado.

Contribuir al bienestar de los demás a través de actos de bondad puede darle un sentido de propósito y significado a su vida. Te hace sentir parte de algo más grande que tú mismo y te motiva a seguir marcando una diferencia en el mundo.

La bondad puede aliviar el dolor y el sufrimiento de los demás. Un simple acto de bondad puede hacer que los demás se sientan vistos, apreciados y apoyados, brindándoles consuelo y alivio en momentos de dificultad.

Tratar a los demás con amabilidad tiene un impacto positivo en uno mismo, en los demás y en la comunidad en su conjunto. Puede ayudar a crear un mundo más amable, compasivo y solidario para todos.

Cómo estar tranquilo en cada situación.

Mantener la calma en cualquier situación puede ser un desafío, pero existen varias estrategias que puedes adoptar para manejar mejor el estrés y mantener la calma.

Mindfulness es ser consciente del momento presente sin juzgar. Practicar la atención plena puede ayudarte a mantener la calma y el centrado incluso en situaciones estresantes. Reserve tiempo cada día para la meditación, la respiración consciente o la práctica de la atención plena durante las actividades diarias.

La respiración profunda es una forma eficaz de calmar el sistema nervioso y reducir el estrés. Cuando te sientas estresado, tómate unos momentos para respirar profundamente. Inspirando lentamente por la nariz y exhalando por la boca, concéntrate en el movimiento de la respiración a través de tu cuerpo y siente cómo tu cuerpo se relaja.

Trate de ver situaciones estresantes desde diferentes perspectivas. Pregúntate si hay una forma diferente de interpretar la situación o si hay aspectos positivos en los que centrarte. Esto puede ayudarle a reducir su reacción emocional y mantenerlo tranquilo.

Tómate un tiempo cada día para reflexionar sobre aquello por lo que estás agradecido en tu vida. Practicar la gratitud puede ayudarle a mantener una actitud positiva y reducir el estrés.

Aprenda a decir no cuando sea necesario y establezca límites saludables en sus relaciones y actividades diarias. Tener límites claros puede ayudarle a reducir los sentimientos de sobrecarga y a mantener la calma.

Dedica tiempo todos los días a realizar actividades que te relajen y rejuvenezcan. Esto podría incluir dar un paseo por la naturaleza, practicar yoga, escuchar música relajante o leer un libro.

Organiza tu tiempo de manera efectiva para evitar sentirte abrumado y estresado. Haga una lista de tareas por hacer y establezca prioridades. Aprenda a delegar tareas cuando sea posible y diga no a solicitudes no esenciales.

Recuerda que mantener la calma en cualquier situación requiere práctica y paciencia, pero con el tiempo podrás aprender a manejar el estrés de manera más efectiva y mantener la calma incluso en las situaciones más difíciles.

Correlación entre AUTOESTIMA con nutrición y ejercicio físico.

La relación entre autoestima, nutrición y ejercicio puede ser compleja y estar interconectada.

Una dieta equilibrada y nutritiva puede ayudar a mejorar la autoestima. Comer alimentos saludables puede hacer que una persona se sienta más enérgica, vital y en sintonía con su cuerpo. Además, llevar una dieta saludable puede conducir a una mejor imagen corporal y autoestima, ya que promueve una relación más positiva con la comida y con uno mismo.

Sin embargo, la autoestima también puede influir en los hábitos alimentarios. Las personas con baja autoestima pueden ser propensas a tener conductas alimentarias disfuncionales, como una restricción excesiva de alimentos, que puede tener consecuencias negativas para la salud física y mental.

El ejercicio regular puede mejorar la autoestima de varias maneras. La práctica de actividad física libera endorfinas, que son neurotransmisores que promueven sensaciones de bienestar y felicidad. Además, alcanzar objetivos deportivos o de fitness puede aumentar la confianza en uno mismo y la autoestima.

Por otro lado, la autoestima puede influir en la participación en el ejercicio físico. Las personas con alta autoestima tienden a estar más motivadas y seguras al participar en actividades físicas, mientras que aquellas con baja autoestima pueden sentirse cohibidas o inseguras acerca de su cuerpo o sus capacidades físicas.

Existe un circuito de retroalimentación entre la autoestima, la nutrición y el ejercicio. Por ejemplo, una persona con baja autoestima podría desarrollar hábitos alimentarios poco saludables o evitar el ejercicio, lo que podría afectar negativamente a su autoestima. Por el contrario, una persona con alta autoestima puede estar más inclinada a elegir alimentos saludables y realizar actividad física regular, lo que podría mejorar aún más su autoestima.

Existe una correlación bidireccional entre autoestima, nutrición y ejercicio físico. Mejorar uno de estos aspectos puede tener un impacto positivo en los demás, ayudando a promover una sensación general de bienestar y autoestima. Sin embargo, es importante recordar que la relación entre estos factores es compleja y puede variar de persona a persona.

Correlación entre AUTOESTIMA y buen descanso

La calidad del sueño puede influir significativamente en la autoestima y viceversa, creando una relación bidireccional.

Dormir bien por la noche puede mejorar la autoestima. Cuando una persona duerme bien, se siente más renovada, con más energía y capaz de afrontar los desafíos del día. Esto puede generar una mayor confianza en sus habilidades y una percepción más positiva de sí mismo.

Por otro lado, la falta de sueño o el sueño de mala calidad pueden tener un impacto negativo en la autoestima. Las personas que sufren trastornos del sueño como insomnio o apnea del sueño pueden sentirse cansadas, irritables y con menos confianza en sí mismas, lo que puede afectar negativamente a la autoestima.

La autoestima puede influir en la calidad de tu sueño. Las personas con baja autoestima pueden experimentar ansiedad o preocupación que interfiere con el sueño. Es posible que tengan dificultades para relajarse o desconectar la mente antes de acostarse, lo que puede provocar problemas para dormir.

Por el contrario, las personas con alta autoestima tienden a gestionar mejor el estrés y las emociones, lo que puede favorecer un sueño más reparador. Se sienten más seguros de sí mismos y pueden afrontar los retos diarios de forma más eficaz, reduciendo así el impacto negativo sobre el sueño.

Existe un circuito de retroalimentación entre la autoestima y el sueño. Una buena autoestima puede promover una mejor calidad de sueño, mientras que una mejor calidad de sueño puede contribuir a una alta autoestima. Por otro lado, una baja autoestima puede provocar problemas para dormir, y los problemas de sueño pueden afectar aún más la autoestima.

Para mejorar tanto la autoestima como la calidad del sueño, es importante adoptar buenas prácticas de higiene del sueño y trabajar la salud mental. Esto puede incluir mantener un horario de sueño regular, crear un ambiente cómodo para dormir, limitar la cafeína y el alcohol antes de acostarse, practicar el manejo del estrés y el autocuidado y buscar apoyo profesional según sea necesario.

Existe una correlación significativa entre la autoestima y el buen descanso. Mejorar uno de estos aspectos puede tener un impacto positivo en el otro, ayudando a promover el bienestar general y una mejor calidad de vida.

Planifique para el éxito

Planificar el éxito con la autoestima requiere un enfoque holístico que involucra tanto planificación práctica como desarrollo personal.

Empiece por identificar claramente lo que quiere lograr. Tus objetivos deben ser específicos, mensurables, realistas y relevantes. Esto le dará una dirección clara en la que concentrarse y trabajar.

Cultiva una mentalidad positiva y optimista sobre tus objetivos. Sea un firme creyente en su capacidad para lograr el éxito y mantenga una actitud positiva incluso cuando encuentre desafíos u obstáculos en el camino.

Trabaja activamente para mejorar tu autoestima y confianza en ti mismo. Identifique sus fortalezas y celebre sus éxitos pasados. Haz ejercicios de autocompasión y practica la afirmación positiva para aumentar tu autoestima.

Desarrolle un plan de acción detallado que describa los pasos específicos necesarios para lograr sus objetivos. Divide tus objetivos en objetivos más pequeños y manejables y establece plazos realistas para cada uno.

Ponga en práctica su plan de acción tomando medidas concretas todos los días para acercarse a sus objetivos. Sea diligente y constante en la consecución de sus objetivos, dando pasos hacia adelante incluso cuando parezca difícil.

Esté abierto al cambio y a la flexibilidad a lo largo del camino. Es posible que encuentre obstáculos u oportunidades inesperadas en el camino, así que prepárese para ajustar su plan en consecuencia.

Realice un seguimiento de su progreso con regularidad para evaluar qué tan cerca está de lograr sus objetivos. Si es necesario, realice cambios en su plan o estrategia para mejorar la eficacia.

Reconozca y celebre cada hito y éxito que logre en el camino. Esto te motivará a seguir perseverando y tener fe en tus habilidades.

Acepte que habrá desafíos y momentos en los que las cosas no saldrán según lo planeado. Utilice estas experiencias como oportunidades para aprender y crecer, reflexionando sobre sus errores y buscando formas de mejorar en el futuro.

Esté abierto a aprender continuamente y adaptarse a nuevos desafíos y oportunidades que surjan en el camino. Esto le ayudará a permanecer flexible y adaptable mientras trabaja hacia el éxito con la autoestima.

Planificar el éxito con la autoestima requiere tiempo, esfuerzo y resiliencia, pero si sigue estos pasos y se mantiene fiel a sus objetivos, puede crear una base sólida para alcanzar sus sueños y aspiraciones.

Qué esperar de una entrevista

Cuando aborda una entrevista utilizando la autoestima como una ventaja, puede esperar varios resultados positivos que pueden influir en su éxito general en la entrevista.

Usar la autoestima durante una entrevista le ayuda a presentarse con seguridad y confianza. Cuando cree en usted mismo y en sus habilidades, proyecta una presencia positiva que puede causar una fuerte impresión en los entrevistadores.

Ser consciente de sus habilidades y experiencias le permitirá hablar con claridad y precisión durante la entrevista. Podrás comunicar eficazmente tus habilidades, experiencia y cualidades personales que te convierten en el candidato ideal para el puesto.

Una entrevista puede resultar estresante, pero utilizar la autoestima puede ayudarle a gestionar mejor el estrés. Con una gran confianza en sí mismo, será menos probable que se sienta abrumado o nervioso durante la entrevista, lo que le permitirá expresar sus ideas de forma más clara y coherente.

Incluso si encuentra preguntas difíciles o situaciones inesperadas durante la entrevista, la autoestima le ayuda a mantenerse resiliente. Podrás afrontar los desafíos con calma y determinación, mostrando a los entrevistadores tu capacidad para adaptarte y responder eficazmente incluso bajo presión.

Su autoestima y confianza en uno mismo pueden influir positivamente en los entrevistadores. Cuando proyecta una fuerte presencia y confianza, es más probable que los entrevistadores queden impresionados y se inclinen a considerarlo un buen candidato para el puesto.

La autoestima puede ayudarle a comunicarse eficazmente durante la entrevista. Podrá expresar sus ideas, responder preguntas de manera completa y clara y establecer una conexión con los entrevistadores para que puedan ver su potencial y motivación para el puesto.

En general, utilizar la autoestima durante una entrevista puede conducir a un mejor desempeño general y aumentar sus posibilidades de éxito en el proceso de selección. La confianza en usted mismo y en sus habilidades le permite presentarse de la mejor manera y transmitir a los entrevistadores su determinación y compromiso con el puesto.

Puedes hacer lo que quieras, sólo necesitas creer en ello, quererlo y luchar hasta el final.

La determinación, la confianza en uno mismo y la perseverancia son elementos cruciales para lograr sus objetivos. Cuando creemos en nosotros mismos y en nuestros sueños, estamos más inclinados a comprometernos plenamente para alcanzarlos.

La confianza en uno mismo es la clave para alcanzar tus sueños. Cree firmemente en tus capacidades y en tu capacidad para lograr lo que deseas.

Imagina claramente lo que quieres lograr y visualízate ya logrando el éxito. Esto le ayudará a mantenerse motivado y concentrarse en las acciones necesarias para lograr sus objetivos.

Los fracasos son parte del proceso de crecimiento y aprendizaje. No te rindas si encuentras obstáculos en el camino. Utilice cada fracaso como una oportunidad para aprender, adaptarse y fortalecerse.

La perseverancia es esencial para superar los desafíos y alcanzar el éxito. Esté dispuesto a luchar hasta el final y superar los obstáculos que encuentre en el camino.

Su forma de pensar y su perspectiva pueden influir significativamente en su éxito. Mantenga una mentalidad positiva, concéntrese en las posibilidades y busque el lado positivo de cada situación.

El éxito requiere disciplina y compromiso constante. Esté dispuesto a dedicar tiempo, energía y recursos para lograr sus objetivos, incluso cuando pueda parecer difícil o incómodo.

No tengas miedo de pedir ayuda cuando la necesites. Busque mentores, amigos o familiares que puedan ofrecerle apoyo, aliento y consejos a lo largo de su viaje.

Reconoce y celebra cada hito que alcances en el camino. Esto le ayudará a mantenerse motivado y seguir avanzando hacia sus objetivos.

Finalmente, recuerda que el camino hacia el éxito puede ser largo y desafiante, pero con determinación, confianza y compromiso, eres más que capaz de alcanzar tus sueños.

Ha llegado el momento de concluir nuestro viaje por el mundo de la autoestima con el manual de Lorenzo Scott Galli. Esperamos que las páginas de este libro hayan iluminado tu camino y te hayan brindado el conocimiento y las estrategias necesarias para desarrollar una autoestima saludable y alcanzar el éxito que mereces.

Recuerde que la autoestima es un viaje continuo y en constante cambio. Aunque haya aprendido mucho de este manual, la aplicación práctica de lo aprendido requerirá compromiso, paciencia y constancia. Sé amable contigo mismo y recuerda que el cambio requiere tiempo y esfuerzo.

Te deseamos lo mejor en tu camino hacia una mayor autoestima y realización personal. Que enfrentes los desafíos con valentía, aceptes tu singularidad con orgullo y cultives una confianza en ti mismo que te permita realizar tus sueños más audaces.

Que este manual sea sólo el comienzo de tu viaje hacia una vida más plena, satisfactoria y significativa. Aplique lo que

ha aprendido con determinación y confianza, y estamos seguros de que alcanzará grandes alturas.

Buena suerte y feliz aplicación de lo que acabas de aprender.

Con los mejores deseos,

Lorenzo Galli

www.ingramcontent.com/pod-product-compliance
Lightning Source LLC
Chambersburg PA
CBHW071216240526
45470CB00018B/2054